Coleção Dramaturgia

SAMIR YAZBEK

Biblioteca teatral

Copyright © Samir Yazbek
Copyright desta edição © 2019 É Realizações

Editor
Edson Manoel de Oliveira Filho

Produção editorial e projeto gráfico
É Realizações Editora

Preparação de texto
Otacilio Palareti

Revisão
Antonio Carlos Marques

Diagramação e capa
Nine Design Gráfico | Mauricio Nisi Gonçalves

Reservados todos os direitos desta obra. Proibida toda e qualquer reprodução desta edição por qualquer meio ou forma, seja ela eletrônica ou mecânica, fotocópia, gravação ou qualquer outro meio de reprodução, sem permissão expressa do editor.

CIP-Brasil. Catalogação-na-Fonte
Sindicato Nacional dos Editores de Livros, RJ

Y37e

Yazbek, Samir, 1967-
   O eterno retorno : peça em um ato / Samir Yazbek. - 1. ed. - São Paulo : É Realizações, 2019.
   72 p. ; 21 cm. (Dramaturgia ; Biblioteca teatral)

   ISBN 978-85-8033-372-5

   1. Teatro brasileiro (Literatura). I. Título. II. Série.

19-58878

CDD: 869.2
CDU: 82-2(81)

Leandra Felix da Cruz - Bibliotecária - CRB-7/6135
01/08/2019 09/08/2019

É Realizações Editora, Livraria e Distribuidora Ltda.
Rua França Pinto, 498 · São Paulo SP · 04016-002
Telefone: (5511) 5572 5363
atendimento@erealizacoes.com.br · www.erealizacoes.com.br

Este livro foi impresso pela Paym Gráfica e Editora em setembro de 2019.
Os tipos usados são da família Sabon LT Std e Helvetica Neue. O papel do miolo é offset 120 g, e o da capa cartão Ningbo C2 250 g.

Samir Yazbek

o eterno retorno

Peça em um ato

É Realizações
Editora

Por ordem de entrada

OS PERSONAGENS

ATOR (aproximadamente 50 anos), *no Plano da Realidade.*

PRODUTOR (aproximadamente 50 anos), *no Plano da Realidade.*

NAMORADA (aproximadamente 35 anos), *no Plano da Realidade.*

DIRETOR (aproximadamente 70 anos), *no Plano da Imaginação do Ator.*

MÃE (aproximadamente 70 anos), *no Plano da Memória do Ator.*

CAMAREIRA (aproximadamente 50 anos), *no Plano da Realidade.*

*

Cenário:
Palco de um teatro, com poucos móveis e objetos.

Ação:
Entre o fim da manhã e o fim da tarde de um único dia.

Os personagens do Plano da Imaginação e do Plano da Memória só podem ser vistos pelo Ator, com exceção de alguns instantes específicos da peça, sobretudo mais próximos do final.

P.S.: Os trechos de Baudelaire utilizados neste texto foram retirados do livro *Pequenos Poemas em Prosa*, da Editora UFSC (1988), com tradução de Dorothée de Bruchard. As citações de Shakespeare foram retiradas de *Macbeth*, da Editora Civilização Brasileira (1970), com tradução de Geir Campos, e *Hamlet*, da L&PM Editores (1997), com tradução de Millôr Fernandes.

A primeira encenação desta peça ocorreu no âmbito do Projeto Samir Yazbek – Textos Inéditos, realizado em novembro de 2018, no Sesc 24 de Maio, em São Paulo, com a seguinte ficha técnica:

Texto: **SAMIR YAZBEK**

Direção: **SÉRGIO FERRARA**

Assistência de direção: **ANGÉLICA PRIETO**

Elenco: **CARLOS PALMA, GUSTAVO HADDAD, HELOÍSA CINTRA CASTILHO, LUCIANO GATTI** e **PATRÍCIA GASPPAR**

Figurinos: **KLEBER MONTANHEIRO**

Cenografia: **TELUMI HELLEN** e **SÉRGIO FERRARA**

Cenotécnica: **MARCELO MACHADO, ARY MARIANO** e **ANDRÉIA MARIANO**

Costura de piso e telão: **ATELIÊ SALETE ANDRÉ**

Adereçamento e pintura artística: **ANDRÉIA MARIANO** e **TELUMI HELLEN**

Iluminação: **ALINE SANTINI**

Trilha sonora: **SÉRGIO FERRARA**

Operação de luz: **MÁRCIO LIMA**

Operação de som: **RANDAL JULIANO**

Chefe de palco: **JEFFERSON OLIVEIRA**

Camareira: **SANDRA MATOS**

Fotografia: **LENISE PINHEIRO**

Assessoria de imprensa: **POMBO CORREIO**

Assistência de produção: **OLIVIA DIAS**

Direção de produção: **ELZA COSTA** (Brancalyone Produções)

Identidade visual: **BLOCO GRÁFICO**

Coordenação geral do projeto: **EDINHO RODRIGUES**

Realização: **SESC SÃO PAULO**

Segundo o autor, a atual versão da peça contou com preciosas sugestões do elenco da montagem original (Carlos Palma, Gustavo Haddad, Heloísa Cintra Castilho, Luciano Gatti e Patrícia Gasppar) *e de seu diretor* (Sérgio Ferrara).

O Ator representa um trecho de Baudelaire.

ATOR: "Enfim, só! Já não se ouve senão o movimento de algumas carruagens. Durante algumas horas possuiremos o silêncio, senão o repouso. Enfim, desapareceu a tirania da face humana e já não sofrerei senão por mim mesmo. Enfim, me é permitido repousar num banho de trevas! Primeiro, duas voltas na fechadura. Me parece que girar a chave aumentará minha solidão e fortificará as barricadas que me separam atualmente do mundo. Horrível vida! Cidade horrível! Descontente com todos! E descontente comigo. Bem... Gostaria de me resgatar e me orgulhar um pouco no silêncio e na solidão da noite. Almas daqueles que amei, almas daqueles que cantei, fortifiquem-me! Sustenham-me! Afastem de mim a mentira e os vapores corruptores do mundo. E vós, Senhor meu Deus! Concedei-me a graça de produzir alguns poucos versos belos, que provem a mim mesmo que eu não sou o último dos homens, que eu não sou inferior àqueles que desprezo!"

Entra o Produtor pela plateia, aplaudindo a cena.

PRODUTOR: Bravo, bravo! Que cena linda, hein?

ATOR: Você aqui?

PRODUTOR: Tudo bem?

ATOR: Eu não te vi entrar.

PRODUTOR: Desculpa, a porta estava aberta.

ATOR: Você disse que só viria mais tarde.

PRODUTOR: Foi, mas eu precisei vir agora. (*Subindo no palco*) Saiu o patrocínio da nossa turnê.

ATOR: Como é que é?

PRODUTOR: É isso mesmo que você ouviu.

ATOR (*Abraçando o Produtor*): Porra, que notícia boa!

PRODUTOR: Não é boa?

ATOR: A gente precisa comemorar isso!

PRODUTOR: Vamos comemorar hoje à noite?

O Ator volta-se para o espelho, ao lado de sua bancada de trabalho. Fala enquanto retira a maquiagem.

ATOR: Esses caras demoraram para responder, hein?

PRODUTOR: Como assim, demoraram para responder?

ATOR: Porra, mais de um ano!

PRODUTOR: E desde quando eles respondem antes disso?

ATOR: Isso é verdade.

O Produtor ajuda o Ator a trocar de roupa.

PRODUTOR: Olha... A gente precisa dar a resposta para o patrocinador até amanhã, ok?

ATOR: Sem problemas.

O Ator volta a retirar a maquiagem.

ATOR: Você não acha que está muito em cima para a gente fazer essa turnê da peça?

PRODUTOR: Em cima como?

ATOR: A primeira apresentação não estava marcada para daqui a um mês?

PRODUTOR: Mas a peça já está pronta.

ATOR: Você sabe que eu preciso ensaiar, não sabe?

PRODUTOR: Não tem de ensaiar mais nada. Essa peça já tem dez anos, não precisa mais ensaiar.

ATOR: Até parece que você não me conhece. (*Um silêncio*) E se a gente jogar essa turnê para o ano que vem?

PRODUTOR: A verba do patrocínio tem de ser usada no mesmo ano da captação.

ATOR: Ah! Quer dizer que a gente vai fazer agora só porque o patrocinador quer?

PRODUTOR: A gente também queria, esqueceu? (*Um silêncio*) Vem cá, você está querendo desistir da turnê, é isso?

ATOR: É claro que não, você acha?

PRODUTOR: Olha... Eu preciso ir, mais tarde eu passo aqui para a gente conversar.

ATOR: Talvez eu saia depois do almoço.

PRODUTOR (*Descendo do palco*): Não, não vai sair, você vai ficar aqui, me espera, eu trago o almoço para você.

ATOR: Eu só preciso ir ao banco.

PRODUTOR: A gente precisa decidir isso hoje. Não sai daí! Vamos viajar o Brasil todo!

Sai o Produtor pela plateia. Entra a Namorada pelo interior do palco.

NAMORADA: Bom dia, meu amor!

Abraçam-se e beijam-se.

ATOR: Saiu o patrocínio para a turnê da peça.

NAMORADA: Quê?

ATOR: É, mas talvez eu não possa mais viajar.

NAMORADA: Como assim?

ATOR: O pessoal da TV... Eles não vão permitir.

NAMORADA: Não acredito!

ATOR: A gente precisa ficar à disposição das gravações.

NAMORADA: Que merda! (*Referindo-se ao Produtor, que ela viu sair*) E vocês?

ATOR: Eu não consegui contar isso para ele.

NAMORADA: Quero ver só o que ele vai dizer quando souber.

Um silêncio.

ATOR: Será que eu não posso largar um trabalho que deixou de me interessar?

NAMORADA: É claro que pode.

ATOR: Eu cansei daquele texto, daquela direção, daquele elenco...

NAMORADA: Tá... Mas a turnê não ia te dar uma boa grana?

ATOR: Claro que ia.

NAMORADA: Então, será que não dá para negociar com o pessoal da TV?

ATOR: Se eu fizer isso, vou começar me queimando. (*Entregando um texto para a Namorada*) E eu vou estrear esse monólogo depois da novela.

NAMORADA (*Folheando o texto, sentando-se*)**:** Que monólogo?

ATOR: Já ouviu falar de Baudelaire?

NAMORADA: Já.

ATOR: É inspirado na vida e obra dele.

NAMORADA: Ah!, legal.

ATOR: É um autor que eu admiro muito, desde a minha adolescência.

NAMORADA: Por que você resolveu fazer ele só agora?

ATOR: Baudelaire é considerado um dos primeiros poetas da modernidade.

Entra o Diretor com alguns livros na mão, introduzindo o Plano da Imaginação, que se alternará com o Plano da Realidade.

NAMORADA: E o que isso quer dizer?

ATOR: Ele mostrou como poucos que a poesia pode brotar do horror das cidades!

NAMORADA: Ah!, interessante.

ATOR: Não dá para continuar fazendo esse tipo de teatro meio digestivo que eu venho fazendo.

NAMORADA: Ah!, eu concordo.

ATOR: Através de Baudelaire eu quero fazer algo mais visceral, capaz de tirar o público dessa apatia.

NAMORADA: É que...

ATOR: Ih, parece que você não gostou muito dessa minha ideia.

O Diretor joga os livros no chão, chamando a atenção do Ator. O Diretor senta-se.

ATOR (*Aproximando-se do Diretor*): Você?

DIRETOR (*Para o Ator*): Será que eu poderia...

ATOR (*Cortando-o*): O que você está fazendo aqui?

NAMORADA (*Para o Ator*): Oi?

ATOR: Nada.

NAMORADA: Você não sabe o que eu estou fazendo aqui?

ATOR: Não... Eu não estava falando com você.

O Ator volta a se aproximar da Namorada, beijando-a, e continua a tirar a maquiagem diante do espelho.

NAMORADA (*Para o Ator*): Você pretende se reciclar como ator fazendo uma peça sobre Baudelaire, é isso?

ATOR: E qual é o problema?

NAMORADA: É que eu acho que monólogo costuma ser uma coisa muito solitária.

ATOR: Depende da maneira como a gente encara o trabalho, né?

NAMORADA: Eu acho difícil fugir de uma coisa meio narcisista.

ATOR: E qual você acha que deveria ser o meu próximo trabalho, hein?

NAMORADA: Talvez uma coisa mais engajada socialmente.

ATOR: Mas daí você está falando do seu ponto de vista, que é sempre ideológico.

NAMORADA: E você não acha que a gente precisa disso agora, nesse momento da nossa história?

ATOR: E como fica a liberdade de expressão do artista?

NAMORADA: Que tem a liberdade de expressão do artista?

ATOR: Não basta o mercado dizendo o que a gente precisa fazer, agora a gente vai ficar se policiando também?

NAMORADA: Mas não é disso que eu estou falando!

ATOR: Olha, deixa que eu decido as minhas coisas sozinho. (*Um silêncio*) Eu preciso ensaiar. Baudelaire.

NAMORADA (*Devolvendo-lhe o texto*): Está aqui.

O Ator pega o texto e caminha pelo palco, como se estivesse procurando algumas marcações, com o incentivo do Diretor.

NAMORADA: E lá em São Mateus?

ATOR: Que tem?

NAMORADA: Você não ia visitar aquele grupo de teatro?

ATOR: Agora vai ficar difícil, né?

NAMORADA: Faz tempo que a gente ficou de marcar um papo com eles, né?

ATOR: É melhor esperar a novela acabar.

NAMORADA: Parece que você não está com muita vontade de ir até lá.

ATOR: De onde você tirou isso, hein?

NAMORADA: A periferia é muito longe, né?

ATOR: Está sendo irônica agora?

NAMORADA: Por que eu estaria?

ATOR: Olha... Aquele pessoal está com tanta pressa assim de me receber?

NAMORADA: Faz dois anos que você prometeu que daria uma palestra para eles, meu amor. Desde que eu comecei o meu trabalho ali.

ATOR: Bom... Por que eles não chamam um outro ator?

NAMORADA: Você está falando sério?

ATOR: Qual é o problema?

NAMORADA: Eles têm a maior admiração pelo seu trabalho. E você vem falar em outro ator?

ATOR: Admiração?

NAMORADA: Sim, você é a inspiração daquele grupo, você esqueceu?

ATOR: Eu sei.

NAMORADA: Eles foram ver todas as suas peças.

ATOR: Eu sei disso, mas será que não tem uma outra pessoa para me substituir?

NAMORADA: Como assim?

ATOR: Alguém que possa me representar.

NAMORADA: Ridículo.

ATOR: Você acha que vai mudar alguma coisa eu indo até lá?

NAMORADA (*Levantando-se*)**:** Ah, então fica aqui. Eu vou embora.

ATOR: Já?

NAMORADA: Eu preciso trabalhar na minha tese.

ATOR (*Tentando seduzi-la*): Dorme comigo hoje.

NAMORADA (*Afastando-se*): Hoje eu não posso.

ATOR (*Sentando-se com ela no colo*): Ê, que foi?

NAMORADA: Nada.

ATOR: De repente você ficou estranha.

NAMORADA: Você fala merda e não quer que eu fique estranha?

ATOR: Mas o que foi que eu disse?

NAMORADA: Você disse que o meu trabalho não tem a menor importância.

ATOR: Não, eu não estava falando de você!

Ele a beija.

NAMORADA: Às vezes parece que eu não te conheço.

ATOR: Por quê?

NAMORADA: Às vezes parece que ninguém te conhece.

ATOR: Ninguém?

NAMORADA (*Levantando-se*): Deixa eu ir embora. Depois eu volto. Ó... O pessoal de São Mateus entrou numa furada.

ATOR: Como assim?

NAMORADA: E eu entrei junto, né?

ATOR: Para de falar besteira!

Sai a Namorada.

ATOR (*Referindo-se à Namorada*): O que aconteceu com ela?

DIRETOR (*Para o Ator*): Você não sabe?

ATOR: Ela nunca falou assim comigo!

DIRETOR: E você, como tem falado com ela?

ATOR: Bem que a minha mãe dizia que eu nunca me casaria.

DIRETOR: Isso já faz tanto tempo.

ATOR (*Aproximando-se do Diretor*): E você, hein? Voltou por quê?

DIRETOR (*Levantando-se*): Eu preciso realmente me explicar?

Entra a Mãe, trazendo uma bolsa, introduzindo o Plano da Memória, que se alternará com o Plano da Realidade e o Plano da Imaginação. A Mãe senta-se.

ATOR: Você me ignorou por tanto tempo.

DIRETOR: Eu não andava muito bem da cabeça.

ATOR: Agora é fácil falar, não é?

DIRETOR: Você sentiu muito a minha falta?

ATOR: Eu achei que fosse enlouquecer.

DIRETOR: Mas o teatro continua nos aproximando, não é verdade?

ATOR: O teatro não deixou espaço para mais nada.

DIRETOR: Bom, quem sabe agora seja possível, de alguma maneira, conciliar as coisas?

ATOR: Você está falando do quê? Do teatro e das mulheres?

DIRETOR: Talvez das novelas e do teatro.

ATOR: Você acha que isso é possível?

DIRETOR: Ou quem sabe das novelas e das mulheres.

O *Ator aproxima-se da Mãe.*

ATOR: A senhora tem de entender que o teatro é a minha vocação.

MÃE: Que vocação é essa que nunca te deu um tostão, meu filho?

ATOR: A situação vai melhorar, mãe.

MÃE: Sabe desde quando você me diz isso?

ATOR: Hoje está muito melhor do que quando eu comecei.

MÃE: Você ainda conta moedas na minha carteira!

ATOR: Ai, mãe, a senhora leva mesmo isso a sério?

MÃE: E já vai fazer quarenta anos de idade!

ATOR: Mania de ficar lembrando a minha idade.

MÃE: Até há pouco tempo estava totalmente endividado.

ATOR: Mãe, eu prometo, isso não vai acontecer de novo.

O Ator tenta abrir a bolsa da Mãe, *que o impede.*

MÃE: Você não percebe que essa vocação está te levando à ruína, meu filho?

DIRETOR (*Para o Ator*)**:** Por que você está sempre no passado, lembrando da sua mãe?

ATOR: Foge do meu controle!

MÃE (*Para o Ator*)**:** Eu não sei o que eu fiz para merecer tamanho desgosto.

ATOR: Vai continuar fazendo o papel de vítima, mãe?

MÃE: Seu pai me deixou, e olha no que deu.

ATOR: Deu que eu estou me virando muito bem!

MÃE (*Levantando-se*): Pelo amor de Deus, parece que você não quer enxergar a realidade.

ATOR: Que realidade, mãe?

MÃE: Como, que realidade?

ATOR: Qual é a realidade que a senhora quer que eu enxergue?

MÃE: A das pessoas comuns.

ATOR: Mas quem pode ser considerado uma pessoa comum, hoje?

MÃE: Todo mundo que acorda cedo para trabalhar, na maior dureza.

DIRETOR (*Para o Ator*): Tente entender o que a sua mãe está dizendo!

ATOR: Ela não cansa de repetir as mesmas coisas!

MÃE (*Para o Ator*): Você é muito presunçoso.

ATOR: A senhora não tem o direito de falar assim comigo!

DIRETOR (*Para o Ator*): Então mande ela embora de uma vez!

ATOR: Eu não consigo!

DIRETOR: Tente ao menos se impor!

O Ator encara a Mãe com raiva, até que ela sai. O Ator relaxa. Alternam-se o Plano da Realidade e o Plano da Imaginação.

DIRETOR (*Para o Ator*): Você não cansa desses diálogos saudosistas?

ATOR: Não tem nada de saudosista aqui.

DIRETOR: E o que foi essa conversa com a sua mãe?

ATOR: Eu só estou me lembrando do meu passado.

DIRETOR: Você tem de começar a se livrar desse passado!

ATOR: E você, hein? Você se considera mais real do que a minha mãe, é isso?

DIRETOR: Eu nunca quis me comparar à sua mãe!

ATOR: Pois saiba que ela é tão imaginária quanto você!

DIRETOR: Mas você não fará com que eu desapareça, não é verdade?

Um silêncio.

ATOR: Tem sido um suplício trabalhar com teatro neste país.

DIRETOR: Mas o que é que não tem sido um suplício neste país?

ATOR: Eu só posso falar das coisas que eu faço.

O *Diretor senta-se ao lado da Mãe.*

DIRETOR: Você tem de começar a se colocar no lugar dos outros.

ATOR: Parece que ninguém mais pode fazer isso hoje.

DIRETOR: Essa é a tirania imposta aos artistas!

ATOR: A arte não interessa a mais ninguém!

DIRETOR: De onde você tirou um absurdo desses?

ATOR: Chega uma hora em que todos os que te ajudaram só querem te ver cair. Da noite para o dia, de novidade promissora você passa a ser um artista ultrapassado.

DIRETOR: Você está começando a ficar com mania de perseguição.

ATOR: O que tem de amigo meu tomando outro rumo na vida.

MÃE (*Para o Ator*): Está vendo? Questão financeira.

DIRETOR (*Para a Mãe*): A questão financeira é uma outra conversa.

ATOR (*Para o Diretor*): Não há vocação que resista nessas condições!

DIRETOR (*Levantando-se*): Você lembra quando eu te disse que você se tornaria um dos maiores intérpretes deste país?

ATOR: Como esquecer aquela entrevista que você deu à imprensa?

DIRETOR: E você acha que tem, de fato, correspondido àquela previsão?

ATOR: Você deve saber melhor do que eu a esse respeito, não é?

DIRETOR: Ou acha que já conquistou o seu lugar ao sol?

ATOR: Eu não conquistei merda nenhuma.

DIRETOR: Você não parece convencido disso.

ATOR: Deus sabe como eu tenho tentado melhorar como ator.

DIRETOR: É, mas os resultados não têm sido muito promissores.

ATOR: O problema é que as pessoas com quem eu trabalho...

DIRETOR: Sim, claro, claro, o problema são os outros!

ATOR: É triste que tanto esforço não tenha se traduzido em qualidade.

DIRETOR: Pelo menos você concorda que não tem se traduzido em qualidade. Ora, você sempre vive de soluções fáceis, travestidas de verdades profundas.

ATOR: É assim que você me enxerga?

DIRETOR: Sim, senhor, está mais preocupado em impressionar os outros do que em descobrir a si mesmo.

ATOR: Você também voltou para me atormentar, é isso?

DIRETOR: Acha que Baudelaire irá salvá-lo das novelas?

ATOR: E quem disse que eu preciso ser salvo de alguma coisa?

DIRETOR: Ou que as novelas irão salvá-lo do teatro?

ATOR: Eu estou ficando velho!

DIRETOR: E daí?

ATOR: Trinta anos de profissão! Eu ando pelas ruas e ninguém me reconhece! Qualquer *youtuber* é socialmente mais importante do que eu! Eu não tenho dinheiro nem para trocar de geladeira. Isso é vida?

MÃE (*Para o Ator*)**:** Não, não é!

DIRETOR (*Para o Ator*)**:** E ainda continua encantado pelo genial Baudelaire. Ora, vá à merda! Mas o que aconteceu com você? Antes, você era a maior promessa da sua geração, hoje já está em decadência. Quando é que nós vamos ver o seu auge?

O Ator começa a sair.

DIRETOR: Espere. Venha cá, volte. Concentre-se e faça agora, aqui, o seu ensaio de Baudelaire. Eu quero ver se você é capaz disso. Faça de maneira *cult*, vamos! Respire, não começa de uma vez...

O Diretor senta-se próximo do Ator, que, após colocar a roupa de trabalho, começa a representar outro trecho de Baudelaire. Na medida em que o Ator representa, o Diretor, durante suas interrupções, levanta-se e volta a sentar-se agitadamente, procurando conduzir a interpretação do Ator.

ATOR: "Fui vítima, mais de uma vez, dessas crises e desses impulsos que nos autorizam a crer que demônios maliciosos se insinuam dentro de nós..."

DIRETOR: Não, não, volta, começa tudo de novo, está muito ruim isso aí!

ATOR: "Fui vítima, mais de uma vez, dessas crises e desses impulsos que nos autorizam a crer que demônios maliciosos se insinuam dentro de nós e nos fazem cumprir, à revelia, suas mais absurdas vontades. Certa manhã, eu me levantara aborrecido, triste, cansado de ociosidade e levado, me parecia, a fazer algo grande, uma ação de brilho. Então... Abri a janela!"

DIRETOR: Não, não é assim! Visualize! Veja a janela! Há um vidro aqui, outro aqui, você põe as duas mãos e abre! Mas vai olhando, vai explorando... Aqui, aqui!

ATOR: "Então... Abri a janela!"

DIRETOR: Imagine, imagine!

ATOR: "Infelizmente, a primeira pessoa que eu avistei na rua foi um vidraceiro, cujo grito penetrante, dissonante, me veio através da pesada e suja atmosfera parisiense."

DIRETOR: Paris, não é uma cidade qualquer, é a cidade luz, Paris, não é São Paulo!

ATOR: "...cujo grito penetrante, dissonante, me veio através da pesada e suja atmosfera parisiense."

DIRETOR: Bom!

ATOR: "Me seria, aliás, impossível dizer por que fui tomado, em relação a esse pobre homem, de um ódio tão repentino quanto despótico. Me aproximei da sacada e agarrei um vasinho de flores..."

DIRETOR: É assim que agarra um vasinho de flores? Crispa os dedos, levanta!

ATOR: "E agarrei um vasinho de flores..."

DIRETOR: Está pesando o vasinho, está pesando!

ATOR: "E quando o homem reapareceu no vão da porta..."

DIRETOR: Vai cair!

ATOR: "Deixei cair perpendicularmente meu engenho de guerra na borda traseira de suas forquilhas! (*Gargalha*) E, derrubado pelo choque, o homem acabou de destroçar sob as suas costas toda a sua pobre fortuna inconstante, que produziu o ruído estrondoso de um palácio de cristal atingido por um raio!"

DIRETOR: Isso!

ATOR (*Gargalha e cai no chão*): "Embriagado por minha loucura, gritei-lhe furiosamente: A vida bela de se viver!"

DIRETOR: Mais uma!

ATOR: "A vida bela de se viver! (*Levanta-se*) Essas brincadeiras nervosas não são isentas de perigo e pode-se às vezes pagar caro por elas. Mas o que importa a eternidade da danação a quem encontrou num segundo o infinito da fruição?"

O Ator volta a gargalhar.

DIRETOR: A queda, agora a queda!

Exausto, o Ator cai no chão. Na penumbra entra o espectro da Namorada, que se dirige ao espelho, onde escreve "amanhã, amanhã e mais amanhã". Antes de sair, a Namorada observa o Ator. Quando a Namorada sai, o Diretor afasta-se do Ator. Depois de um tempo, entra o Produtor, vindo novamente pela plateia, com um prato de comida na mão. O Produtor sobe no palco e pigarreia, procurando acordar o Ator, que desperta.

PRODUTOR: Tudo bem?

ATOR: Eu dormi?

PRODUTOR: Dormiu, parece que sim. (*Entregando-lhe o prato*) Olha só o que eu trouxe para você.

ATOR: O que é isso?

PRODUTOR: Comida.

O Ator abre o prato.

ATOR: Arroz com lentilha?

PRODUTOR: Não é o seu prato preferido?

ATOR: E como você adivinhou que hoje eu estava com vontade de comer arroz com lentilha?

PRODUTOR: Tem algum dia em que você não queira comer arroz com lentilha?

DIRETOR (*Para o Ator*): Vai guardar um pouco para mim, não vai?

ATOR: Você ainda está aí?

PRODUTOR (*Para o Ator*): Você está falando comigo?

ATOR: Claro que não.

DIRETOR (*Para o Ator*): Seu guloso!

PRODUTOR (*Para o Ator*): Você prefere que eu vá embora?

ATOR: Não, não é nada disso!

O Ator reaproxima-se do espelho.

PRODUTOR (*Para o Ator*): E aí, decidiu o que vamos fazer? (*O Ator deixa a comida de lado*) Tem alguma coisa errada com a comida?

ATOR: Eu perdi a vontade.

O Produtor volta a ajudar o Ator a trocar de roupa.

PRODUTOR: E aí?

ATOR: É melhor você cuidar da minha substituição.

PRODUTOR: Como é que é? Você tem certeza do que está me dizendo?

ATOR: É, eu andei pensando e...

PRODUTOR (*Cortando-o*)**:** Você faz ideia do que pode acontecer se você realmente fizer isso?

ATOR: Difícil de responder a essa pergunta, não é?

PRODUTOR: Você recebeu algum convite?

ATOR: Que tipo de convite?

PRODUTOR: De outra produção.

ATOR: Você gostaria que eu tivesse recebido?

PRODUTOR: Seria mais fácil de entender.

Um silêncio.

ATOR: Eu vou fazer uma novela.

PRODUTOR: É sério isso?

ATOR: Desculpe.

PRODUTOR: E desde quando você está sabendo dessa novela?

ATOR: Já faz um tempinho.

PRODUTOR: E por que não me disse nada antes?

ATOR: Eu não queria te contar sem ter uma confirmação oficial. (*Um silêncio*) Vai ser importante fazer essa novela.

PRODUTOR: Importante para quem?

ATOR: Para mim, para nós... É só ator conhecido que atrai o público para o teatro.

PRODUTOR: Nunca tivemos problema de público.

ATOR: Já esqueceu o tamanho das salas em que a gente se apresentou.

PRODUTOR: Você gostaria do quê? Um maracanã lotado? (*Um silêncio*) Olha, eu compreendo essa sua necessidade de querer ser um ator mais reconhecido, de querer...

ATOR (*Cortando-o*): Olha, é melhor a gente conversar sobre isso depois. Eu preciso ensaiar! Baudelaire!

O Ator volta a pegar o texto e caminhar pelo palco, como se estivesse procurando algumas marcações, novamente incentivado pelo Diretor.

PRODUTOR: Essa turnê vai ser muito importante para a gente divulgar o nosso trabalho. Os outros atores dependem dessa viagem.

ATOR: O pessoal da TV não permitiu.

PRODUTOR: Insiste mais um pouco!

ATOR: Sem chance.

PRODUTOR: Ah! Os outros atores vão perder o trabalho?

ATOR: Você acha mesmo que o nosso trabalho é tão importante assim?

PRODUTOR: Você tem alguma dúvida disso?

ATOR: No Brasil, o teatro...

DIRETOR (*Cortando-o*)**:** Para, para e para! Você sempre volta com essa conversa. Muda o disco!

ATOR: Me deixe em paz!

PRODUTOR (*Para o Ator*)**:** Por que você está falando me deixe em paz?

DIRETOR (*Levantando-se, para o Ator*)**:** O teatro cria os mitos que dão sentido à nossa vida!

ATOR: E você acha que isso continua sendo verdade?

PRODUTOR (*Para o Ator*)**:** Está tudo bem com você?

ATOR: Você acha que dá para eu estar bem?

DIRETOR (*Para o Ator*)**:** Cada época cria os seus próprios mitos!

ATOR: Mas se nem os dramaturgos têm conseguido fazer isso!

DIRETOR: Laurence Olivier, Peter O'Toole, Marlon Brando...

ATOR: Eu nunca vou chegar aos pés desses atores!

PRODUTOR (*Para o Ator*)**:** De que atores você está falando?

DIRETOR (*Para o Ator*)**:** Os atores encarnam as verdades dos mitos!

ATOR: Os brasileiros não têm como fazer isso!

DIRETOR: Por que não?

ATOR: Nossas condições de trabalho são lastimáveis!

PRODUTOR (*Para o Ator*)**:** Mas o que está acontecendo com você?!

DIRETOR (*Para o Ator*)**:** Isso não pode ser uma desculpa!

ATOR: É apenas a realidade.

DIRETOR: Não, não! Paulo Autran, Raul Cortez, Rubens Corrêa, Sérgio Cardoso, Walmor Chagas, Procópio Ferreira...

ATOR: Chega!

DIRETOR: Esses atores honraram o nosso ofício!

ATOR: Você é um hipócrita!

DIRETOR: Opa!

O Diretor volta a sentar-se. O Ator e o Produtor sentam-se distantes.

PRODUTOR (*Para o Ator*)**:** Vai pegar muito mal para você se a gente cancelar essa turnê.

ATOR: Mal por quê?

PRODUTOR: Eu já tinha comentado com algumas pessoas da possibilidade do retorno dessa peça.

ATOR: Antes do patrocínio confirmar?

PRODUTOR: É, eu comentei com algumas pessoas da imprensa sobre isso.

ATOR: Se precipitou!

PRODUTOR: O patrocinador já tinha me autorizado a falar.

ATOR (*Levantando-se*)**:** Tráfico de influência, agora?

PRODUTOR: Nós não temos tempo para ensaiar outra pessoa.

ATOR: Você não fará isso se não quiser.

PRODUTOR: Ninguém vai querer ensaiar outro ator.

ATOR: Eu me proponho a ajudar.

PRODUTOR (*Levantando-se*): Ó, lindo, o patrocinador só aceitou porque era você!

ATOR: Ninguém é insubstituível a esse ponto.

PRODUTOR: Você é simplesmente o cara que...

ATOR (*Cortando-o*): Que fez uma minissérie horrível na TV, eu sei.

PRODUTOR: Que vai te levar para uma novela ainda pior!

Um silêncio.

ATOR (*Subindo numa cadeira*): O teatro é a arte do presente.

PRODUTOR: E o que isso tem a ver com a nossa conversa?

ATOR: Para que algo aconteça, o ator e o público precisam estar presentes.

PRODUTOR: Ah! Entendi! E agora você decidiu que não vai estar mais presente nessa peça.

ATOR: Eu não aguento mais repetir aquele texto idiota!

PRODUTOR (*Tentando agredir o Ator, correndo atrás dele, fazendo com que ele desça da cadeira*): Você devia ter me falado antes que estava pensando assim.

ATOR (*Fugindo*): Você é que não quis encarar a realidade.

PRODUTOR: Você acha o quê? Teatro, para mim, é uma coisa muito séria!

ATOR: Ah, e para mim, você acha que não é?

PRODUTOR: Eu não tenho outra forma de ganhar dinheiro!

ATOR: Eu também nunca tive!

PRODUTOR: Mas agora vai ser diferente, não é? (*Um silêncio*) Sabe o que mais me incomoda? É que você não pensou em mim um minuto!

ATOR: Quem disse que eu não pensei?

PRODUTOR: Você imaginou o quê, hein? Que eu ia conseguir o patrocínio, e no dia seguinte o ator ia virar para mim e...

ATOR (*Cortando-o*)**:** Você precisa respeitar a minha decisão!

PRODUTOR: Você devia ter me consultado antes de decidir!

ATOR: Por que devia, hein?

PRODUTOR: E a nossa parceria? Como é que fica?

Um silêncio.

ATOR: Vai ser melhor assim.

PRODUTOR: Eu já não sei mais quem é você. Atorzinho, egoísta! Vai lá fazer a sua novela, vai!

Sai o Produtor pela plateia.

DIRETOR (*Para o Ator, rindo*): São normais essas discussões na nossa rotina.

ATOR: De que rotina você está falando, hein?

DIRETOR: Dos artistas, de quem mais seria?

ATOR: Esse cara nunca foi um artista!

DIRETOR: Esse tipo de produtor sempre fez parte do nosso mundo.

ATOR: Você não sabe mais o que está falando.

DIRETOR: É injusto não admitir uma coisa dessas.

ATOR: Esse cara só pensa em ganhar dinheiro!

DIRETOR: Não, não, não, ele ama a arte assim como nós.

ATOR: E desde quando você pensa assim?

DIRETOR: E desde quando você se tornou alguém tão elitista?

ATOR: Elitista? Elitista?! Você acha que eu não tive com quem aprender a ser elitista?

DIRETOR: Eu acho que você realmente não entendeu nada do que eu lhe ensinei. (*Aproximando-se do Ator*) "Essa vida é simplesmente uma sombra que passa: um mero ator, que tem a sua vez de gesto e voz no palco, e de quem nunca mais se sabe." *Macbeth*...

ATOR (*Junto com o Diretor*): William Shakespeare.

DIRETOR: Decididamente os melhores atores são os ingleses.

ATOR: Por que você está falando isso agora, hein?

DIRETOR: Não se pode abrir mão da técnica.

ATOR: Eu quero que os atores ingleses se fodam!

DIRETOR: Somente a técnica desses atores lhe dará asas para voar.

ATOR: E quem disse que eu quero voar?

DIRETOR: Sempre é preciso voar.

ATOR: Mesmo quando o céu está escuro?

DIRETOR: Ainda mais quando ele está escuro!

ATOR: Eu acho que perdi qualquer vontade de voar. Ou talvez eu esteja gostando da escuridão. Talvez deva vir a escuridão mais completa para que a gente possa valorizar a luz. (*Um silêncio*) Houve um tempo em que o teatro era mais verdadeiro do que a própria vida. Hoje eu vejo que a minha vida se transformou num amontoado de mentiras. Qual é o sentido de voar?

Um silêncio.

DIRETOR: Através de você eu descobri boa parte do que sou. Com o tempo eu quis ser como você. Então eu escrevi para você e o dirigi. Finalmente voltei a querer ser como você. Mas realmente nada se compara a estar diante de você, como se fosse a primeira vez.

ATOR: Diante de mim em que sentido?

DIRETOR: No sentido de vê-lo representar, é claro.

ATOR: E se eu deixar de representar?

DIRETOR (*Rindo*): Você nunca vai deixar de representar.

ATOR: Eu estou falando da vida.

DIRETOR: E o que isso quer dizer?

ATOR: É o que eu estou tentando descobrir. Eu preciso encontrar um jeito mais honesto de assumir quem realmente eu sou. (*Um silêncio*) Você parece ser uma pessoa de outro mundo.

DIRETOR: E você duvida que eu seja alguém de outro mundo?

ATOR: Um mundo que está em vias de extinção.

DIRETOR: Eu nunca estive tão bem, sabia?

ATOR: Doce ilusão, meu amigo.

DIRETOR: Essa é a única forma que eu vejo para sobreviver.

Um silêncio.

ATOR: Alguma coisa se quebrou dentro de mim.

DIRETOR: Posso saber que coisa é essa?

ATOR: Eu já não acredito que o meu trabalho faça qualquer sentido para os outros.

DIRETOR: Esse tipo de rejeição sempre foi muito difícil para os artistas enfrentarem.

ATOR: Qual é a vantagem de ser um artista num tempo como o nosso?

DIRETOR: Você esperava ser recompensado de que maneira?

ATOR: As pessoas preferem mil vezes as redes sociais, a Netflix, do que assistir a uma peça de teatro.

DIRETOR: Não, não, alguns teatros estão lotados!

ATOR: Salas com trinta lugares.

DIRETOR: Teatros grandes também.

ATOR: Só com celebridades.

DIRETOR: Será verdade isso?

ATOR: Musicais turbinados por verbas milionárias.

DIRETOR: Você está generalizando de uma maneira muito perigosa.

ATOR: Antigamente o teatro acontecia de terça a domingo!

DIRETOR: Antigamente você quer dizer quando eu nasci?

ATOR: Não, não precisa ir tão longe assim, né?

DIRETOR: Nos anos sessenta, vamos dizer assim, a nossa cidade era uma província.

ATOR: E daí?

DIRETOR: A produção teatral era muito pequena, assim como o público. (*Um silêncio*) Que tipo de reconhecimento você deseja?

ATOR: Eu só quero que o meu trabalho seja reconhecido.

DIRETOR: Será que realmente é o seu trabalho que está em jogo?

ATOR: E o que mais poderia ser?

DIRETOR: Talvez sua imagem.

ATOR: Eu não misturo essas coisas.

DIRETOR: Ou quem sabe outras coisas mais sutis.

ATOR: Que outras coisas mais sutis seriam essas?

DIRETOR: Algo que somente você pode descobrir.

ATOR: Eu só quero que o meu trabalho seja reconhecido como outro qualquer.

DIRETOR (*Elevando o tom de voz*): Mas ele não é um trabalho qualquer! (*Um silêncio*) O que você pretende fazer para obter algum tipo de respeito, hein? Depositar toda a sua felicidade nas mãos de estranhos? Lutar para ganhar algumas migalhas de atenção? Você estudou tanto quanto devia ter estudado? Você se preparou como eu dizia sempre que era preciso fazer? Ou você acha que as pessoas lhe devem esse reconhecimento? Ora, maldito vazio que te consumiu a alma!

O Diretor senta-se. Entra a Mãe, introduzindo o Plano da Memória, que se alternará com o Plano da Realidade e o Plano da Imaginação.

MÃE (*Para o Ator*): Eu acho que você devia abandonar o teatro, meu filho.

ATOR: Por que a senhora está me dizendo isso agora, mãe?

MÃE: Se não deu certo até hoje, por que você acha que...

ATOR (*Cortando-a*): E o que é dar certo para a senhora, hein?

DIRETOR (*Para o Ator*): Vai continuar ouvindo o que a sua mãe tem a dizer?

ATOR: Eu não consigo me livrar das opiniões dela!

MÃE (*Para o Ator*): A questão não é só eu pensar assim.

ATOR: Ah, a velha preocupação com o que os outros vão pensar, não é?

MÃE: E você não acha isso legítimo, hein? É importante ter o respeito dos outros.

ATOR: E uma conta bancária milionária, não é?

MÃE (*Rindo*): E você se envergonharia disso?

ATOR: A senhora só valoriza quem tem dinheiro.

MÃE: Não, não, não é só de dinheiro que eu estou falando.

ATOR: E de sucesso também, não é?

MÃE: É engraçado, você fala como se essas coisas não tivessem a menor importância.

ATOR: O problema, mãe, é que para mim elas realmente não têm!

Um silêncio.

MÃE: Você devia entrar para a televisão.

O Ator dá uma gargalhada.

MÃE: Falei alguma besteira?

ATOR: A senhora acha que é fácil entrar para a televisão, né?

MÃE: Tem tanta gente que trabalha lá.

ATOR: De que tanta gente assim a senhora está falando, hein?

MÃE: Tantos amigos seus conseguiram um espaço na televisão!

ATOR (*Gritando*): Mentira! Mentira!! Só assim a senhora vai conseguir me respeitar, não é?

MÃE (*Aproximando-se do Ator*): Eu acho que você não está conseguindo me entender. (*Acariciando-o*) Meu filho... Talvez você não tenha vocação para ser ator.

ATOR (*Afastando-se*): Como é que é?

MÃE: Já pensou que esse pode ser o problema, hein?

ATOR: Depois de vinte anos de profissão, a senhora tem coragem de me dizer uma barbaridade dessas?

MÃE: Meu amor, talvez você esteja insistindo num trabalho que não é o seu.

ATOR: Eu não entendo por que tamanha crueldade, mãe.

MÃE: Crueldade?

ATOR: A senhora quer matar em mim o sonho que já foi seu?

MÃE: Eu nunca tive tempo de sonhar.

ATOR: Esqueceu que a senhora já fez teatro na sua juventude?

MÃE: Aquilo era uma brincadeira com as minhas amigas.

ATOR: De Electra a Joana D'Arc, mãe.

MÃE: Brincadeira, apenas uma brincadeira.

ATOR: Então me deixe brincar. Me deixe brincar! (*Um silêncio*) Olha, coloca uma coisa nessa sua cabecinha.

MÃE: Quer parar de me tratar feito uma idiota, por favor?

ATOR: Eu nunca vou trabalhar na televisão!

MÃE: Por que tanto radicalismo?

ATOR: Eu não gosto da televisão, mãe!

MÃE: Antigamente você gostava de ver novelas com a mamãe.

ATOR: Quando as novelas tinham qualidade!

MÃE: Outro dia mesmo eu estava assistindo a uma e pensando... "Por que ele não está nessa novela?".

ATOR (*Cortando-a*)**:** A senhora está viciada nesse tipo de programação, mãe, viciada!

MÃE: Escuta aqui! Quem não aparece na televisão simplesmente não existe!

ATOR: E de que existência a senhora está falando, hein?

MÃE: Que existência! Existência é existência, ora.

ATOR: Mãe, eu não preciso aparecer na televisão para sentir que eu existo!

MÃE: A questão não é você sentir!

ATOR: Eu tenho uma vida que independe disso!

MÃE: Ah! É? Então me diga, que vida é essa?

ATOR: Para que a senhora quer saber, hein?

MÃE: Porque eu me preocupo com você.

ATOR: A senhora nunca vai me entender.

MÃE: Os outros é que precisam perceber que você existe.

ATOR: Mãe, a televisão é uma máquina de triturar gente!

MÃE: Ah! Que papo chato!

ATOR: Na televisão a audiência manda em tudo!

MÃE: Então me diga alguma coisa onde a audiência não manda em tudo!

ATOR: No teatro, mãe! No teatro a gente não sofre esse tipo de pressão!

MÃE: Jura?

ATOR: No teatro a gente é livre para fazer o que a gente bem entender.

O Diretor faz um gesto de reprovação.

ATOR (*Para o Diretor*): Para!

MÃE (*Para o Ator*)**:** Eu quero só ver até quando vai durar essa liberdade de vocês.

Um silêncio.

ATOR: Mãe... Posso saber qual é a ideia que a senhora faz de um artista?

MÃE: Como é que eu vou saber?

ATOR: Qual é a ideia que a senhora faz de um ator?

MÃE: Sei lá, eu não consigo nem imaginar.

ATOR: A senhora simplesmente não sabe o que é um ator.

MÃE: Hum... Então me diga você... O que é um ator?

ATOR: Já ouviu falar de Baudelaire?

MÃE: Eu não sou tão ignorante assim, não é?

DIRETOR (*Levantando-se, para o Ator*)**:** Isso não diz nada sobre o nosso ofício!

ATOR: Então explica para ela o que é o nosso ofício!

DIRETOR: Mas ela não vai me escutar.

ATOR: Ou você se sente culpado?

DIRETOR: Culpado de quê?

ATOR: Culpado por ter me levado a desprezar tudo o que é profano.

DIRETOR: Ó... Tudo o que é profano você não acha um pouco demais?

ATOR: Para você ver o tamanho do estrago que me causou!

DIRETOR: Agora eu sou o culpado pela sua desgraça? (*Um silêncio*) A arte sempre será uma extensão do nosso ser!

ATOR: Ih, isso já deixou de fazer sentido faz tempo.

DIRETOR: Foi assim desde sempre!

ATOR: Nada dura tanto tempo assim.

DIRETOR: O teatro sempre renascerá das cinzas.

ATOR: Um dia ele vai morrer, para sempre.

DIRETOR: Talvez seja exatamente isso que você deseja. (*Um silêncio*) Você se tornou um cínico. Não consegue ver nada ao redor de si. Vive trancado em seus próprios pensamentos, incapaz de sentir a menor afeição por quem quer que seja.

ATOR: Só isso já seria o suficiente para eu fazer uma peça sobre Baudelaire, não acha?

DIRETOR: Você jamais alcançará a grandeza desse gênio da literatura universal!

MÃE (*Para o Ator*): Jamais!

ATOR (*Abismado com a aproximação da Mãe em relação ao Diretor*): O que é isso, gente?!

MÃE: E sabe por quê? Porque o teatro sempre foi um antro de perdição. O caráter mais sólido se dissolve nas fantasias mais escabrosas. A forma mais rápida de...

ATOR (*Cortando-a*): Mãe, a senhora...

MÃE (*Cortando-o*): Cala a boca! Quem fala agora, aqui, sou eu! A forma mais rápida de deturpar a visão direta da realidade é enveredar por uma seara de puro fingimento. Pelo amor de Deus! É chegada a hora da sua maioridade, meu filho, tanto psíquica quanto econômica! Até quando você vai continuar fugindo da realidade?

O Ator prostra-se.

DIRETOR (*Para a Mãe*): Então foi a senhora que corroeu a integridade do seu filho?

MÃE: O senhor também não deixou por menos.

DIRETOR: Ora, no futuro veremos quem é que está com a razão.

MÃE: O futuro já está na nossa cara, tá ok? Teatro... Faça-me o favor!

DIRETOR: A senhora é a responsável por colocar seu filho nessas escolinhas de teatro que...

ATOR (*Para o Diretor e para a Mãe, cortando-os aos berros*): Chega! Chega, os dois! Sumam da minha frente, agora! Sumam daqui, eu não aguento mais! Sumam os dois, agora, chega! Eu preciso ensaiar o Baudelaire!

Sumam, vocês estão me enlouquecendo! Saiam daqui agora, sumam, eu não aguento mais!

O Diretor e a Mãe sentam-se. Entra a Namorada, correndo, abraçando o Ator.

ATOR (*Para a Namorada*): Que bom que você voltou!

NAMORADA: Tudo bem?

O Ator faz uma expressão de "mais ou menos" e volta a se aproximar do espelho, sendo acompanhado pela Namorada.

NAMORADA: Falei com o diretor do grupo de São Mateus.

ATOR: Você foi até lá?

NAMORADA: Não, a gente se falou pelo telefone.

ATOR: Ele te ligou?

NAMORADA: Que diferença isso faz?

ATOR: E o que vocês conversaram?

NAMORADA: Ele disse que o grupo não quer mais você lá.

ATOR: Como assim?!

NAMORADA: Eles vão chamar outro ator para fazer a palestra.

ATOR: E você não me defendeu?

NAMORADA: Não! Não era exatamente isso que você tinha sugerido?

ATOR (*Abrindo os braços, lembrando o Cristo crucificado, tentando impressioná-la*): Você não vê como eu estou?

NAMORADA: Ah! Pelo amor de Deus! Eu não vejo nada que eu não veja todo dia, esse drama o tempo todo. (*Um silêncio*) Olha... Durante o nosso namoro...

ATOR (*Cortando-a*): Ah! Você voltou para discutir a nossa relação.

NAMORADA: Você se transformou em outra pessoa.

ATOR: Não, eu sempre fui o mesmo.

NAMORADA: Vai ver que eu mudei a forma de te enxergar.

ATOR: Ou imaginou alguém que eu nunca fui.

Um silêncio.

NAMORADA: Quando foi a última vez que você leu um livro?

ATOR: Ah... Eu já li tudo o que tinha de ler.

NAMORADA: Você nunca mais foi assistir a um colega seu em cena.

ATOR: Vai me dar lição de moral agora?

NAMORADA: Você não se interessa por nada, meu amor, nem por ninguém.

ATOR: Você não precisava trabalhar na sua tese?

NAMORADA: Você vive aqui trancado nessa bolha.

ATOR: Eu não sou obrigado a ouvir esse vômito.

NAMORADA: Cultivando o seu "ofício sagrado".

ATOR: Logo hoje que eu preciso ensaiar o Baudelaire!

NAMORADA: Você perdeu a chance de trocar alguma coisa com aqueles atores.

ATOR: E você acha que eu ia ganhar alguma coisa com isso?

NAMORADA: Eles também não ganhariam muito. (*Um silêncio*) Você se revelou ser uma pessoa muito mesquinha.

ATOR: Jura?

NAMORADA: Só pensa no seu nome, no que as pessoas vão dizer sobre você, no seu lugar no panteão dos grandes artistas...

ATOR: E o que você sabe sobre esses assuntos?

NAMORADA: Você é um predador, de talento duvidoso, ridículo, repulsivo, irrelevante e obsoleto! O típico macho hétero branco que só quer acumular mais poder!

ATOR: Decorou esse texto?

NAMORADA: Não, acabei de criar, olhando para a sua cara!

ATOR: Nossa, quanta qualidade!

NAMORADA: Afe! Está vendo? Você só sabe representar! Você representa mais fora do palco do que dentro dele.

ATOR (*Fazendo uma pose*): E o que eu estou representando fora do palco, hein?

NAMORADA: Não sei. Uma espécie de pessoa muito importante, que se tornou uma celebridade.

ATOR (*Desmontando a pose*): Eu nunca fui uma celebridade.

NAMORADA: Muito pior. (*Um silêncio*) Você perdeu completamente a noção de quem você é. Vive se enganando e enganando os outros com uma imagem completamente deturpada. As pessoas não param de comentar que você se tornou ridículo. E o mais terrível é que você ajuda a divulgar essa imagem nas suas redes sociais, sem se dar conta de que você está provocando o seu próprio enterro. Você acha que sobra alguma energia para realizar um bom trabalho?

ATOR: Eu nunca deixei de trabalhar seriamente.

NAMORADA: Eu estou falando de um trabalho que faça sentido para os outros.

ATOR: Eu não tenho culpa de fazer um tipo de arte que você não admira.

NAMORADA: Não é de mim que eu estou falando!

ATOR: Olha... Se você quer me largar, não precisa desse estardalhaço todo.

NAMORADA: O seu trabalho está estagnado.

ATOR (*Quase agredindo-a fisicamente*)**:** E quem é você para me dizer isso?

A Namorada afasta-se, temerosa.

NAMORADA: Talvez eu não seja ninguém mesmo. Mas eu não vou deixar de dizer o que eu penso sobre você. (*Um silêncio*) Quando você está no palco...

ATOR: Certeza que vai continuar?

NAMORADA: Você ainda vai me agradecer por isso. (*Um silêncio*) Quando você está no palco, eu só consigo te enxergar, está me entendendo?

ATOR: Eu não sei se devo me esforçar para isso.

NAMORADA: Quando você representa, só você existe.

ATOR: Como assim?

NAMORADA: Você não deixa o público ver o personagem.

ATOR (*Impactado, se olhando no espelho*)**:** Isso sempre?

NAMORADA: Nem sempre.

ATOR: Fala a verdade!

NAMORADA: Mas tem acontecido com bastante frequência. As pessoas não se interessam mais pelo seu trabalho.

ATOR: Quem disse isso?

NAMORADA: Qual o último trabalho que você fez, que foi considerado relevante?

ATOR: E a culpa é minha se as pessoas se tornaram superficiais?

NAMORADA: Não são só as pessoas que se tornaram superficiais.

ATOR: Jura?

NAMORADA: Você se tornou um tipo de pessoa que não enxerga um palmo adiante do nariz! As pessoas só se interessam pelas bobagens que você posta!

ATOR: Que bobagens?

NAMORADA: Fotos de bichinhos, de viagens, autopromoções...

ATOR: Mas...

NAMORADA (*Cortando-o*): Esse tipo de coisa que não leva a lugar nenhum!

ATOR: Isso...

NAMORADA (*Cortando-o*): É isso que tem dado audiência!

ATOR: É impossível não fazer parte desse jogo!

NAMORADA: Só que esse jogo está te destruindo! As pessoas estão curtindo o seu pior e você está acreditando que isso é o que você tem de melhor para oferecer!

ATOR: Vamos parar com essa conversa.

NAMORADA: Você não percebe que...

ATOR (*Cortando-a*): Chega!

NAMORADA: Não percebe que é só o seu sucesso nas redes sociais que te levou a fazer essa novela?

ATOR (*Agarrando-a violentamente*): Você enlouqueceu?

NAMORADA: Para!

ATOR: Foi o meu talento, eu fui escalado por causa do meu talento!

NAMORADA: Me solta!

ATOR (*Gritando*): Talento burilado com muito esforço e dedicação! E não é você, com a sua petulância, que vai conseguir me destruir!

O Ator finalmente solta a Namorada, que desaba no chão. Entra o Produtor, agora no Plano da Imaginação. A Namorada passa a integrar o mesmo

Plano, assim como o Diretor e a Mãe. Todos estão assustados com o Ator. A indistinção de planos, que já vinha se intensificando ao longo da peça, atinge o seu paroxismo.

NAMORADA (*Para o Ator, levantando-se*): É muito triste. Você perdeu completamente a noção da realidade.

O Diretor e a Mãe levantam-se. Todos cercam o Ator.

DIRETOR (*Para o Ator*): Por que você não pega um bom filme para ver?

PRODUTOR (*Para o Ator*): Eu preciso encontrar outra maneira de sobreviver.

ATOR (*Para o Diretor*): Que filme?

NAMORADA (*Para o Ator*): Você nunca soube o assunto da minha tese.

ATOR (*Para o Produtor*): Você nunca vai deixar de ser um miserável!

DIRETOR (*Para o Ator*): *Hamlet*, com Laurence Olivier!

ATOR (*Para a Namorada*): Você sempre me escondeu o assunto da sua tese.

MÃE (*Para o Ator*): Fico feliz que você esteja acordando, meu filho.

ATOR (*Para o Diretor*): Eu já vi esse filme um milhão de vezes!

PRODUTOR (*Para o Ator*)**:** Você quer dizer que eu devo alguma coisa para você.

ATOR (*Para a Mãe*)**:** Mãe, antes tarde do que nunca!

NAMORADA (*Para o Ator*)**:** Você jamais entenderia o assunto da minha tese.

ATOR (*Para o Produtor*)**:** Eu nunca imaginei que você fosse tão ingrato!

DIRETOR (*Para o Ator*)**:** Você devia beijar os pés de Laurence Olivier, seu imbecil!

MÃE (*Para o Ator*)**:** Eu queria tanto fazer arroz com lentilha para você.

ATOR: Mãe, um dia eu ainda vou pagar um banquete para a senhora!

As falas dos personagens se acumulam de forma caótica. Todos saem de cena, com exceção do Diretor, que se aproxima do Ator.

ATOR: Chega!

DIRETOR: "Ser ou não ser, eis a questão."

ATOR: Chega!

DIRETOR: "Será mais nobre sofrer na alma pedradas e flechadas do destino feroz ou pegar em armas contra o mar de angústias e, combatendo-o, dar-lhe fim? Morrer, dormir..."

ATOR: Chega!!!

Um silêncio.

DIRETOR: "Amanhã, e amanhã, e mais amanhã... Vai se arrastando o mesmo dia a dia, até a última sílaba do tempo marcado. E os nossos ontens, todos, mal clareiam a tola passagem, rumo ao pó da morte. Apaga-te, candeia efêmera! Essa vida é simplesmente uma sombra que passa: um mero ator, que tem a sua vez de gesto e voz no palco, e de quem nunca mais se sabe. Uma piada contada por um idiota, com fúria e escarcéu, e nada significa."

O Diretor passa a mão sobre a cabeça do Ator e sai de cena. O Ator dirige-se ao público.

ATOR: As mesmas palavras, os mesmos gestos, todas as noites. Esse ritual enfadonho, que já não significa mais nada para mim. Para que representar nesse mundo tão hipócrita, em que as pessoas não querem mais se reconhecer? Qualquer espelho é destroçado em questão de segundos, e ficamos impedidos de encontrar uma mínima imagem em que possamos nos enxergar. Talvez seja melhor assumir que a humanidade é um caso perdido, e que não é função da arte melhorar ninguém. Que a maior beleza da arte é a sua inutilidade. (*Tirando a roupa de trabalho*) Quem sabe a minha vocação não seja tão grande quanto eu imaginava. Ou talvez eu não veja mais sentido em qualquer esforço para ser o ator que eu gostaria de ser. Mas, se eu não posso alcançar o topo da montanha, que eu não permaneça embaixo, olhando todos me ultrapassarem. Eu preciso cuidar mais da minha vida. Ou tem alguém aqui que não esteja fazendo isso hoje?

Entra a Camareira.

CAMAREIRA: Senhor...

Um silêncio.

CAMAREIRA: Senhor!

ATOR (*Percebendo-a*): Hum?

CAMAREIRA: O teatro vai fechar.

ATOR: Obrigado.

A Camareira sai pela plateia. O Ator termina de tirar a roupa de trabalho. Olha-se no espelho algumas vezes. Pega o texto da peça sobre Baudelaire e o aprecia. Depois de hesitar, atira-o ao chão. Arruma-se como se precisasse enfrentar o mundo. Sai pela plateia, enquanto escurece sobre o palco.

FIM

COMENTÁRIOS E TRECHOS DE CRÍTICAS SOBRE O ETERNO RETORNO

Texto: **SAMIR YAZBEK**
Direção: **SÉRGIO FERRARA**
Elenco: **CARLOS PALMA, GUSTAVO HADDAD, HELOÍSA CINTRA CASTILHO, LUCIANO GATTI** e **PATRÍCIA GASPPAR**

"*O Eterno Retorno* não é obra autobiográfica, ainda que seja autorreferente. Ao se debruçar sobre seus próprios impasses, Yazbek não se furta ao depoimento, mas só o utiliza na medida da necessidade de uma narrativa que busca – e alcança – um diálogo com artistas e plateia contemporâneos. Em cena estão o teatro engajado e a produção feijão com arroz – exatamente para tornar claro que não é com eles e sobre eles que se fala. Baudelaire, em cena, indica o caminho de uma arte que não se cansa de se reinventar e de uma modernidade que também pode ser convulsivamente bela. O cenário de Telumi Hellen nos remete aos gregos, a Tchékov (não fossem os dois fantasmas de estimação do protagonista extensões de Arkádina e Treplev, com finais diferentes do imaginado pelo russo) e à arte moderna. O elenco, afiadíssimo, vai do que se supõe ser a impostação do século XIX a um *aproach* contemporâneo – passando pela paródia e por um naturalismo que nada tem de rastaquera. Sérgio Ferrara dirige com pulso forte, colado ao texto, e ao mesmo tempo imprimindo sua marca de encenador. *O Eterno Retorno* é mais do mesmo, no melhor sentido da expressão. É a continuação da obra coerente, sólida e corajosa do dramaturgo mais vocacionado de sua geração."

AIMAR LABAKI,
diretor e dramaturgo

"O resultado é ótimo, porque coloca todos nós em perspectiva, artistas e não artistas. Samir Yazbek põe o dedo na ferida, ao mostrar que não há almoço grátis: no capitalismo, o sucesso implica jogar os sonhos e os afetos no lixo. À indústria cultural não interessa o indivíduo que pensa, mas o que obedece às leis do mercado. *O Eterno Retorno* mostra isso com a crueza necessária."

CARLOS ANTONIO RAHAL,
pesquisador teatral

"O encenador propõe um jogo cênico bem tramado, ancorando o elenco no entendimento do texto, em marcações orgânicas e caracterizações certeiras. É difícil assistir a uma estreia com atores e atrizes com silhuetas tão bem definidas, regulares e conscientes das complexidades de suas *personas*."

CELSO FARIA,
crítico do blog e-Urbanidade

"Vender-se ou não vender-se? Eis a questão de *O Eterno Retorno*, de Samir Yazbek, dramaturgo apaixonado pelo seu ofício, com o coração quente, que expõe em cada palavra, cada silêncio, o seu *alter ego* – o Ator em um delicioso, cruel, engraçado, e talvez trágico, conflito entre a arte e a sobrevivência. Sérgio Ferrara, que a cada montagem evolui em sua sensibilidade, não engessa os atores, para nossa sorte. Cada um tem seu momento de brilho, de empatia, na construção dos personagens. Tal qual um pintor, ele mescla o teatro de imagem com a profundidade do drama, sem abrir mão da emoção e da catarse, muitas vezes esquecida pelo ego de diretores que querem aparecer mais que tudo. Com a ajuda de uma luz inspirada de Aline Santini e de uma cenografia que namora com o teatro japonês clássico, os espaços são explorados com mestria e precisão."

DIONÍSIO NETO,
ator e dramaturgo

"As inquietações de nosso tempo ganham força poética e contundência na obra de Samir Yazbek. *O Eterno Retorno* é prova desse talento em trazer ao palco nossos mais profundos dilemas que extrapolam a arte e que ganham mais relevo no atual cenário nacional. O elenco, coeso, traz atuações inesquecíveis. A direção de Sérgio Ferrara, a iluminação de Aline Santini e os figurinos de Kleber Montanheiro são primorosos. Não se pode perder."

ED PAIVA,
pesquisador teatral

"Em *O Eterno Retorno* reencontramos Samir Yazbek, o experiente e celebrado autor de *As Folhas do Cedro* e *O Fingidor*, na vizinhança dos temas que, hoje e sempre, o atingem mais profundamente: a criação e a dramaturgia, agora em contexto brasileiro e contemporâneo. É nesse registro muito pessoal, sem rodeios, que seu teatro se impõe para além de ajuste de contas com os fantasmas particulares que, como no impagável espectro de Antunes Filho ou da mão invisível do mercado e da indústria cultural, ultrapassam a esfera do meramente privado."

FÁBIO DE SOUZA ANDRADE,
crítico literário e professor

"*O Eterno Retorno* é o novo texto do dramaturgo Samir Yazbek que está em cartaz no Sesc 24 de Maio. Utilizando-se da linguagem do metateatro, o dramaturgo cria trama cheia de significados que extrapola o universo teatral e faz refletir sobre os dias conturbados que estamos vivendo. Direção de Sérgio Ferrara e elenco primoroso, com destaque para a interpretação de Luciano Gatti."

JOSÉ CETRA,
crítico do blog Palco Paulistano

"*O Eterno Retorno*. BRILHANTE!!! Samir Yazbek escreveu mais uma grande obra. E que elenco perfeito: Gustavo Haddad, Helô Cintra Castilho, Carlos Palma, Patrícia Gasppar e o fabuloso Luciano Gatti. Não percam!!!"

LAERTE MELLO,
ator

"Na comemoração de seus trinta anos de carreira, Yazbek, em parceria com o diretor Sérgio Ferrara, traz este trabalho de fina ironia e apurado bom gosto ao palco do Sesc 24 de Maio."

MARCELO PESTANA E CARLOS CIRNE,
críticos teatrais

"*O Eterno Retorno* comprova a permanência da força da escrita de Samir Yazbek. Através da delicadeza dos seus diálogos, somos atravessados pelos fantasmas do ofício de todos os artistas de teatro e, assim, nos descobrimos condenados à missão de sonhar o futuro, sem nunca deixar de ouvir os ecos do passado. Dramaturgia necessária em tempos de profunda reorganização, *O Eterno Retorno* nos alerta quanto à responsabilidade que temos na reorganização profunda do tempo."

MARCOS BARBOSA,
dramaturgo e professor teatral

"Apenas mais uma vez constatei: Samir é mestre. Perspicaz. Envolvente. O texto de *O Eterno Retorno* abre para a reflexão, para outras percepções, fazendo com que a experiência seja um confronto, um choque, entre o que é o interior e o que é o exterior, entre o que é real e o que é idealizado, e o que é inventado, na cabeça e na vida de um artista. Na cabeça e na vida de todos nós. Saudações a Samir. Mestre da dramaturgia. Autor necessário porque nesses trinta anos se tornou um exemplo, uma referência, uma inspiração, para os que aí estão e para os que virão."

MARCOS DAMACENO,
autor e diretor teatral

"*O Eterno Retorno*, a mais recente peça de Samir Yazbek, é um trabalho ao mesmo tempo metalinguístico e poético. Metalinguístico porque no centro da criação está um ator às voltas com as contradições que enfrenta em seu ofício no presente e com as memórias das que já teve que enfrentar em diferentes meandros de seu passado. Poético porque no jogo cênico desses dois planos – o do presente e o das lembranças – a consciência e as rememorações do protagonista vão configurando um processo que sintetiza uma questão maior: que ser é esse que atua e interpreta papéis? Que fios existenciais o ligam ao tecido mais amplo da sociedade em que vive e ao mesmo tempo aos bastidores de suas próprias fantasmagorias? A linguagem poética, de modo geral, nutre-se fortemente da síntese e da elipse para tornar densos e pulsantes os nexos associativos de suas imagens. Assim também faz a peça de Samir, já que os personagens e as situações envolvidas não são elementos de uma história a ser depreendida pelo espectador, mas de vivências do ator protagonista que, projetadas em cena, tornam-se imagens tomadas à singularidade de seu trabalho. Que ser é esse que atua e interpreta papéis? Samir, militante da palavra como combustível de criação dramatúrgica, responde à questão recolocando-a: o ser que atua é um ser que vivencia cenicamente as instâncias da palavra como matéria, e com ela pensa o mundo e formula perguntas."

MARIA SILVIA BETTI,
pesquisadora teatral e professora

"Samir Yazbek localiza num ator dos nossos dias angústias eternas e universais que a era da internet aguçou: o que existe por trás do desejo de reconhecimento?

A que distância nos encontramos da imagem que projetamos? Que contorno queremos ter – o nosso, verdadeiro, ou o que rende mais aplausos?"

MARTA GÓES,
dramaturga e jornalista

"Além da dramaturgia que provoca profundas reflexões, a encenação de Ferrara envolve o espectador, que percebe o que é real e o que é imaginário a partir do espaço do cenário onde a ação é desenvolvida. A iluminação também é fundamental para a condução da trama, e o figurino merece destaque: os vestidos da namorada e da mãe salientam ainda mais a importância delas na vida daquele homem. E, sem dúvida, a interpretação visceral de Luciano Gatti evidencia ainda mais o drama vivido por seu personagem. Destaque para os embates do ator com cada um dos outros personagens; a cena em que ele tem de lidar com a interferência de todos ao mesmo tempo é exemplar e síntese da proposta da dramaturgia, ou seja, lançar perguntas e deixar que o espectador possa responder ou refletir sobre elas."

MAURÍCIO MELLONE,
crítico do Favo do Mellone

"O prazer de assistir a essa homenagem do Sesc ao Samir, que em si é uma homenagem do Samir a todos nós. Gente da busca pela empatia. Pela alteridade. Gente que gosta de fazer da vida poesia. Um texto necessário contado por uma equipe belíssima."

MAURO SCHAMES,
ator

"É um texto da maturidade. Dos melhores que eu tive a oportunidade de ver no palco. Um grito humanista. Amargo, desesperado, cruel e necessário."

PASCOAL DA CONCEIÇÃO,
ator

"*O Eterno Retorno* toca um ponto bastante importante da vida cultural brasileira e, em especial, da vida do próprio teatro. As ideias que o texto embute são transmitidas muito bem por um elenco particularmente homogêneo e uma montagem extremamente profissional. Espero que o público receba esse espetáculo como ele merece."

UGO GIORGETTI,
cineasta

*

SAMIR YAZBEK *é dramaturgo, diretor teatral e mestre em Letras pela USP. Consolidou sua formação com o diretor Antunes Filho no CPT – Centro de Pesquisa Teatral do Sesc. Escreveu* O Fingidor *(Prêmio Shell 1999 de melhor autor),* A Terra Prometida *(entre os dez melhores espetáculos de 2002, segundo* O Globo*),* A Entrevista *(Lígia Cortez indicada ao Prêmio Shell 2004 de melhor atriz) e* As Folhas do Cedro *(Prêmio APCA 2010 de melhor autor), entre outras. Fez conferências em Cádiz (Espanha), Londres (Inglaterra) e Minnesota (EUA). Alguns de seus textos foram publicados (e encenados) na Bolívia, Cuba, Espanha, Estados Unidos, França, Inglaterra, México, Polônia e Portugal. Na TV Cultura, em parceria com a Rede Sesc TV, escreveu e dirigiu o teleteatro Vestígios e dirigiu uma adaptação de sua peça* O Fingidor. *Atualmente coordena o Departamento de Pós-Graduação em Dramaturgia da Escola Superior de Artes Célia Helena – ESCH, em São Paulo.*

O Eterno Retorno *foi indicada ao Prêmio Aplauso Brasil 2018 de melhor dramaturgia.*

Você pode se interessar também por:

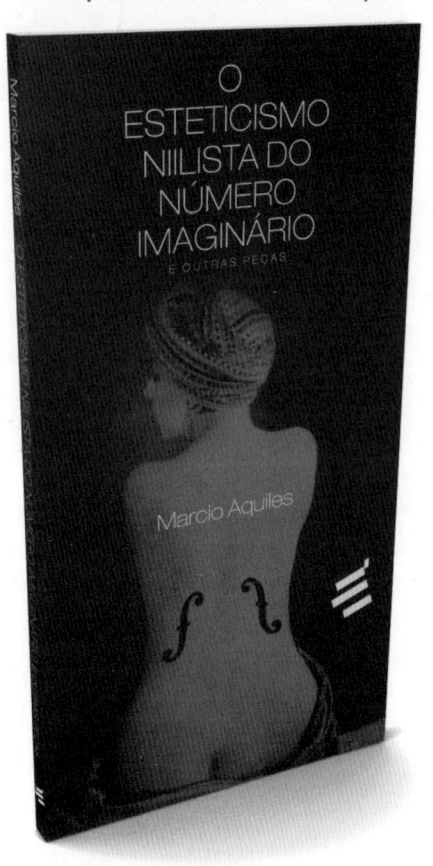

O ESTETICISMO NIILISTA DO NÚMERO IMAGINÁRIO E OUTRAS PEÇAS
Marcio Aquiles

Aqui há espaço para situações surpreendentes e absurdas: uma mulher vai à delegacia prestar queixa do desaparecimento de seu braço; um artista entra numa crise de criatividade; personagens ficam presos dentro de um poema; um casal vende a alma ao diabo, e muito mais. O gosto pela ironia fina, a construção de diálogos hilários e os desfechos inusitados conferem um sabor especial à leitura.

facebook.com/erealizacoeseditora   twitter.com/erealizacoes   instagram.com/erealizacoes

youtube.com/editorae   issuu.com/editora_e   erealizacoes.com.br

atendimento@erealizacoes.com.br